Claudia Schreiber · Kai Pannen

Heimische Frauenarten

Claudia Schreiber

Heimische Frauenarten
Ein Bestimmungsbuch

Mit Bildern
von Kai Pannen

Unser gesamtes lieferbares Programm und
viele andere Informationen finden Sie unter
www.sanssouci-verlag.de

1 2 3 4 5   14 13 12 11 10

ISBN 978-3-8363-0226-5
© Sanssouci im Carl Hanser Verlag, München 2010
Alle Rechte vorbehalten
Einbandgestaltung:
Hauptmann & Kompanie Werbeagentur GmbH, Zürich,
unter Verwendung von Motiven von Kai Pannen
Satz im Verlag
Druck und Bindung:
Memminger MedienCentrum AG, Memmingen
Printed in Germany

Für meine Freundin Judith

Inhaltsverzeichnis

SCHMACKHAFTE ARTEN

UNGENIESSBARE ARTEN

ANHANG

Gegendarstellung

In meinem Buch »Heimische Männerarten. Ein Bestimmungsbuch« habe ich die männliche Spezies Schwätzer (*homo laber*) als einzig belästigendes Redewesen geschildert. Diese Aussage ist falsch.

Richtig ist, dass weibliche Schwätzer (*femina labera*) mindestens ähnlich pestizide Formen zeigen, wenn nicht lauter, schriller und schneller quatschen und stundenlang dauernden Mist und Quark verbreiten.

Verzweifelt mit Ohrenstöpsel in ICEs reisend,
gez. Claudia Schreiber

Vorwort

Vor Ihnen liegt ein Buch über heimische Frauenarten – es erläutert Sachverhalte, ist Ratgeber, Nachschlagewerk und interessante Lektüre in einem. Es beantwortet Fragen wie: Was für eine Art Frau bin ich, und wie betone oder vertusche ich das?! Oder, wenn Sie Partner/in einer Frau sind: Welche Art sitzt mir beim Frühstück gegenüber, und womit soll ich da tagtäglich fertig werden?

Es gibt keine guten und bösen Frauen, aber es gibt günstige und ungünstige Arten. Was einem durchgeknallten Discjockey vielleicht gut bekommt, erschreckt einen Vogelkundler. Und was eine Powerfrau dringend als Energiespritze braucht, etwa ein gemeinsam erlebtes Wildwasserrafting mit anschließender Klettertour, versetzt einer Mimose einen Schock.

Frauen stammen aus der ganzen Welt, der einen ist man verfallen, von der anderen wendet man sich mit Grausen ab. Manche werden übersehen, andere wachsen im Lauf der Zeit zu stattlichen Gewächsen heran. Sie reichen in ihrer Konsistenz von streichelfähig bis borstig, ihre Silhouette ist in jeweils unterschiedlichen Größen rund oder abgeflacht, vierkantig, gefurcht bis geflügelt, seltener rechteckig oder walzenförmig. Es gibt sie in eingetragenen Verbänden (Landfrauen,

Rudern, Patchwork), Vereinen (konfessionell, sexuell, proletarisch), finanziell flüssig (Rotary) oder klamm (alleinerziehende Mütter) oder nach Familienstand kategorisiert in ledig/verheiratet/frei. Der Gesetzgeber unterteilt sie ungehörig schlicht nach ihrem Fettgehalt in Trockenmasse.

In jedem Fall sollten Sie sich überlegen, wie viel Zeit, Arbeit und Nerven Sie in eine Frau investieren möchten. Informieren Sie sich über ihren Platzbedarf, denn die Ansprüche vieler Exemplare wachsen von Jahr zu Jahr und sie benötigen entsprechende Wohnflächen. Südländische Arten wiederum brauchen einen frostfreien Überwinterungsort.

Die Wissenschaft ist der Enträtselung der Frau nicht wirklich näher gekommen. Warum sich die eine mühelos bis in den Himalaja orientiert, während eine andere nicht mal rechts und links unterscheidet, warum eine Tochter aus Düsseldorf nicht mit Messer und Gabel umgehen kann, wohingegen eine Göre aus Neukölln promoviert, wird erst langsam und in groben Umrissen sichtbar.

Wegen vielerlei moderner Sonderformen wie Kanzlerin, Anne Will und Frauenfußball lassen sich Frauen von Männern kaum noch unterscheiden. Hier spricht man vom *nivellierenden Effekt* (v. frz. *niveler* = gleichmachen) der Geschlechter.

Um Missverständnissen vorzubeugen: Wenn Sie glücklich leben wollen, bedeutet das keineswegs, dass Sie das gemeinsam mit einer Frau tun müssen. Oder dass freudlose Zeiten anbrechen, bloß weil Sie sich von einer trennen. Dieses Buch will Ihnen weder eine Frau aufschwatzen noch madig machen. Falls Ihre eigene Frau wirklich mit Vorsicht zu genießen ist, fragen Sie sich erst mal: »Wen kenne ich denn sonst noch?!« Bedenken Sie aber, dass sogar Frauen mit katastrophalem Ruf viele positive Eigenschaften haben, schauen Sie also nicht nur auf die Nachteile.

Und wenn wir uns selbst als eine Art entdecken, erschrecken wir nicht, denn Selbstironie, meine Damen, ist die Stärke der eigenen Schwäche.

Herzlich,
Claudia Schreiber

Die Gnadenlose
inclementia

Diese Frau ist keine Beruhigungstablette, sie nähert sich einem Mann nicht attraktiv, sondern obsessiv, weshalb ihr Partner in der Öffentlichkeit fortgesetzt einen zerzausten Eindruck hinterlässt. Sie hetzt ihn noch vor dem Frühstück in eine lukrative Karriere, packt schon beim ersten Widerwort zu, bemeckert exquisite Geschenke, macht ihn abends bei Kontrollgängen durch die Wohnung auf herumfliegende Klamotten aufmerksam, überschüttet ihn mit Vorwürfen und beißt sich anschließend vor dem Kamin an ihm fest. Dieser Frauenart kann man wegen ihrer Bissigkeit keinen Vorwurf machen, ihr fehlen Teile des Gens, welches das Erkennungsprotein für »nett« trägt.

Sie hat beinhart durchtrainierte Muskeln, da sie auch ihrem Körper allerhand abverlangt. Ihre Pupillen ändern sich stark: Im Büro stehen sie senkrecht schlitzförmig, beim Kochen werden sie weit, und bei Beiß- und Kratzspielen verkleinern sie sich stark, was für ihre aggressive Stimmung selbst in zärtlichen Si-

Abb. 1: Sie Alpha, er Omega

tuationen spricht. Anders als viele andere Frauenarten ernähren sich Gnadenlose selten von Obst und Salat, sondern fast ausschließlich von rohem Fleisch oder Fisch, sie schließen gern mit Absinth ab.

Eine Gnadenlose trägt einen straffen BH, der ihre Brust speerförmig nach vorn zulaufen lässt, weshalb es bei Umarmungen zu schwerwiegenden Unfällen kommen kann. Nur wenige Gnadenlose lassen sich überreden, ihren atomaren Busen abzurüsten. Ein Partner, der sich unter solch einer Frau gut fühlt, ist entweder hoffnungslos verliebt oder ein harter Hund und echter Dreckskerl.

DAFÜR	Man braucht nur zu sprechen, wenn man gefragt wird.
DAGEGEN	Sie fragt nicht mal.

Die Kratzbürste
penicula brutalis

Kratzbürstige Frauen werden in ihrer borstigen Art von Männern begeistert aufgenommen, sind sie doch zur Reinigung ihrer verdreckten Oberfläche bestens geeignet. Mit ihr lassen sich Parasiten und Juckreiz entfernen, zudem verbessert sich die Durchblutung der Haut.

In Relation zur Körpergröße haben Kratzbürsten die kürzesten Beine aller Frauen. Diese sind so modifiziert, dass sie fast nur Scharnierbewegungen, aber keine Rotationen zulassen, sodass ihre derbe Schrubbstärke gewährleistet bleibt.

Die Arbeitsleistung etwa eines Landschaftsgärtners lässt sich durch tägliches Ausbürsten erheblich steigern, auch städtische Partner fühlen sich nach einer feurigen Behandlung durch ihre missliebige Gattin sichtlich wohler. Im Haus einer Kratzbürste herrscht Ruhe, was sich auch positiv auf die Konzentrationsfähigkeit aller Beteiligten auswirkt. Mit gleich mehreren Kratzbürsten erreicht ein Mann die größtmögliche Schroffheit im Heim, weshalb er zur Haltung pubertierender Töchter nur ermuntert werden kann.

Eine Kratzbürste verfügt über eine Anhäufung spezifischer Rezeptoren am Zeigefinger, ihrem einzigartigen

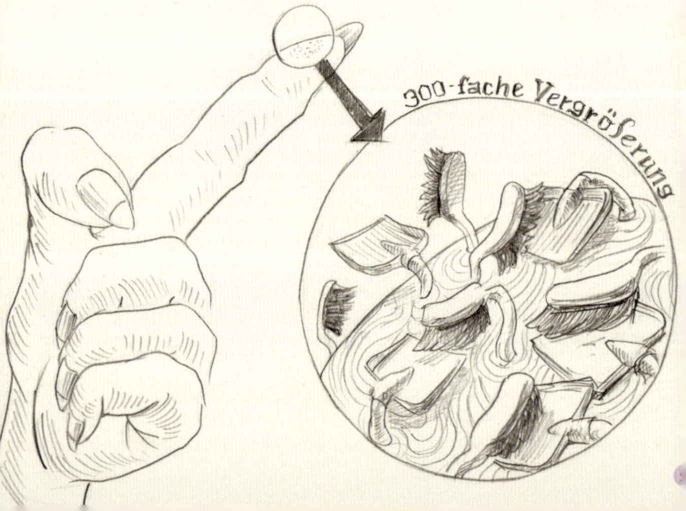

300-fache Vergröserung

Index-Organ *(siehe Abb. 2)*. Es dient dazu, Staub zu detektieren, der sich auf Möbeln abgelagert hat. Ihr Finger ist in der Lage, bereits dünnste Schichten von einem Mikrometer (1 µm) festzustellen.

Diese Frauenart nutzt beim Flirt die sogenannte *grip and rip*-Methode. Dabei packt sie ihre Beute und reißt das Objekt der Begierde mit ihren Widerhaken an sich; von ihr stammt der Begriff »aufreißen« oder »Aufriss«, wenn eine neue Bekanntschaft zu vermelden ist.

DAFÜR	Eine Kratzbürste schleift sich ihre Brillanten selbst.
DAGEGEN	Für Geiger und Cellisten nicht geeignet.

Abb 1: Frauenaugen sehen mehr

Die Eiskalte
frigida

Eiskalte sind nett anzusehen, gepflegt und gut gekleidet, in führender Position und im Alter zwischen 20 und 80 Jahren. Oft sind sie die einzigen Weibchen, die keinen Nachwuchs zeugen. Wenn eine Eiskalte Sport treibt, geht sie nicht zur Gymnastik, sondern nimmt an Ironwoman-Wettbewerben teil und protzt als Höhepunkt mit dem Desert-Cup-Rennen in Jordanien.

Schon der große Frauenforscher Paracelsus sagte: »Allen Frauen ist kalt und keine ist ohne kalte Gefühle. Allein die Dosis macht, dass sie eine Eiskalte ist.« So wird auch die Bezeichnung Eiskalte einer einzigen Frauenart nicht gerecht, meist enthalten doch alle Frauen mehr oder weniger kalte Anteile, die ihr selbst oder ihrer Umgebung schaden.

Die Partner einer harmlosen Eiskalten speichern tagsüber Wärme und geben sie nachts an die Füße der Frau ab, so sind sie besser geschützt.

Eine echte Eiskalte leidet unter moralischer Unterkühlung, sie packt sich das Schnitzel des Nachbarn, auch

Abb. 1: Eiskalte sonntags
Abb. 2: Eiskalte werktags

ohne Hunger zu haben, und glaubt, gewissermaßen ein Anrecht darauf zu haben, bestochen zu werden. Einerseits besteht die Sehnsucht der Gesellschaft, die kühlende Kraft einer Chefin zu nutzen, andererseits die Tendenz, sie auszurotten. So werden etwa immer mehr Redakteurinnen aus Rundfunkanstalten verbannt. Diese Überreaktion wäre nicht notwendig, eine Eiskalte lässt sich prima als Droge missbrauchen. So schwören Hydrotherapeuten auf das wohlig-entspannte Körpergefühl, das sich nach einer gemeinen Bemerkung (Erpressung oder Nötigung) von einer Eiskalten einstellt.

In einigen Büros wurden Informationsblätter über Eiskalte verteilt, in denen die verschiedenen Arten aufgeführt sind. Man erfährt vom richtigen Umgang mit Biestern oder Schlangen oder wie man sich ihnen gegenüber am Kantinentisch verhält und sie vertreiben kann.

DAFÜR	Eine Eiskalte schmilzt in einer guten Umarmung dahin.
DAGEGEN	Sie täuscht nie einen Orgasmus vor, sondern moniert, wenn keiner kommt.

Ehebetten

Eigentlich dürfte es in Deutschland schon längst keine Ehebetten mehr geben. Seit dem 1. Januar dieses Jahres sind diese unmenschlichen Schlafverhältnisse nun endgültig verboten worden, in denen Frauen im Dämmerlicht mit einer Schnarchbelästigung von bis zu 70 Dezibel dahinvegetieren. Ledige Frauen ohne Schnarcher verbringen im Vergleich die Nacht selig bei zehn Dezibel, was dem eigenen Atmen oder einem raschelnden Blatt entspricht. Männer wiederum quälen sich in Ehebetten wegen Verdrängung durch die Dame und haben weniger Platz als auf einem DIN-A4-Blatt.

Die Dresseurin
femina domans

Eine Dresseurin widmet sich ganz ihrem Mann, sie fördert und verfeinert seine natürliche Veranlagung durch gymnastische Übungen und Denksportaufgaben, bis er auf minimale Signale hin zum exakten Ausführen einer gewünschten Aufgabe (»Lektion«) veranlasst werden kann. Diese Frauenart verlangt von ihrem Partner, sich stets korrekt bei ihr anzulehnen. Die Bearbeitung des Mannes insgesamt stellt die Grundlage ihrer ehelichen Betätigung dar und findet ihre Vollendung in seiner stillen Resignation. Sie lässt ihn an ihrer Seite angehakt auf geraden und gebogenen Linien gehen und fordert den Schritt im verlangsamten Tempo, wenn man gemeinsam auf Einkaufsmeilen bummelt, in Vitrinen schaut und Proben in Parfümerien nimmt. Dort kauft sie gern Geruchsstoffe, die sich nach Einbruch der Dunkelheit auf ihrer Haut vollends entfalten; eine Dresseurin bevorzugt die angenehm-würzige Ausscheidung des Pottwals, gemixt mit Drüsensekreten eines Ochsen.

Abb. 1: »Duldet mutig, Millionen! Duldet für die bessere Welt!«
Friedrich Schiller, An die Freude
Abb. 2: Er schluckt alles

1

2

Auf Betriebsfesten stößt sie auf starke Konkurrenz, da bei solchen Gelegenheiten viele Dressierte vorgeführt werden. Ihr Gatte braucht neben guten Witzen nun eine gewisse Ausstrahlung, der elegante Schritt des Partners reicht hier nicht aus. Gegenüber seinen Vorgesetzten werden nun kompliziertere Bewegungsabläufe gezeigt (kriechend, rückwärts etc.). Wenn ein Besuch bei ihrer Verwandtschaft ansteht, müssen zusätzlich fliegende Wechsel und Schrittpirouetten ausgeführt werden.

Bei eigenwilligem Handeln (»Bocken«) wie etwa in Ruhe Zeitung lesen oder Fußball gucken wird der Partner gestellt, beim bloßen Gedanken an einen Seitensprung sogleich im Rückgrat verbogen.

DAFÜR	Wer an ihrer Kandare geht, verirrt sich nie.
DAGEGEN	Nur Hafer und Vitaminergänzungspellets zum Frühstück.

Die Emanze
liberata

Eine der Hauptbedrohungen der Emanze stellt die Zerstörung ihres Lebensraums durch Männer dar. Sie können zu einem gewissen Grad in Habitaten leben, die vom Mann verändert wurden, sind jedoch in Ruhephasen auf Toiletten, Damen-Sauna, Frauenfrühstück und Bibliotheken als Unterschlupf angewiesen. Unter Umständen können sie sich in roten Gewerkschaften und grünen Parteien entfalten, ihre Populationsdichte ist aber in Wolkenkuckucksheimen höher.

Regelmäßig hocken Gleichstellungsbeauftragte vor den Personalbüros von Ämtern und Betrieben und halten Ausschau nach Jobs, die zu ergattern sind. Wenn ein Mann zum Vorstellungsgespräch geladen ist, geben sie als Alarmzeichen ihr charakteristisches Meckern von sich.

Ihre Bejagung stellt eine große Gefahr für diese Frauenart dar, die gut gepflegten Emanzen werden wegen ihres hübschen Fleisches begehrt. Manchmal locken Männer, die Emanzen mit Tussen verwechseln, sie irrtümlich mit glitzernden Steinen, worüber diese nur lachen können, da sie sich ohne Tand gefallen oder sich allenfalls selbst beschenken. Lokal ausgestorben sind Emanzen in Gebieten, in denen Schützenvereine

(Niedersachsen, Westfalen) oder religiöse Fundamentalisten (Siegerland, Schwäbische Alb) ansässig sind.

Bei dieser Art Frau sind bislang alle Versuche gescheitert, sie in Gefangenschaft zu halten. Generell sind sie von der Ehe nicht zu überzeugen, die einen verduften flott, die anderen rammen sich in engen Liebesbeziehungen mit ihren Köpfen die Stirn blutig.

Wohl im Zuge des Klimawandels waren die Füße von Emanzen noch nie so warm wie im letzten Winter. 18° C betrug die Durchschnittstemperatur an den Ballen im Dezember. Dieser Rekordwert liegt damit mehr als zwei Grad über dem Durchschnitt des letzten Jahrhunderts. Es ist zu befürchten, die letzte Sehnsucht einer Emanze nach einem Mann könnte erlöschen – dass sie jemanden hat, an dem sie sich die Quanten wärmen kann.

> **DAFÜR**
> **DAGEGEN**   Freie Frauen klammern nicht.
> Sie verlangen vom Partner eine
> tägliche Retrospektion. Sie wissen
> nicht, was das ist? Dann vergessen
> Sie es gleich.

Abb. 1: Die Mutter aller Widerworte

Die Männeranbeterin
adorata

Manche Männer erträumen sich eine Partnerin, die ihnen das Gefühl der Einmaligkeit vermittelt. Das Exemplar einer Männeranbeterin kann einem Schlappschwanz geben, wozu keine andere Frauenart imstande ist. Eine Männeranbeterin hat als Mädchen früher in der Schulpause alleine in der Ecke gestanden, man hat ihr beim Sportunterricht den Turnbeutel geklaut, und sie hat keinen Jungen abbekommen.

Heutzutage wirft sie sich vor jedem Deppen nieder, streckt ihm die Hände entgegen und blickt ihn von unten selig an. Ihr erstes Gebot lautet, dass es keinen anderen Mann neben ihm gibt, das zweite Gebot beinhaltet das Verbot jeglicher leerer Anbetungsformeln wie *toll*, *süß*, *Schatz* oder gar *Schnuckiputzi*.

Wichtig für sie ist, ihn als Heiligen anzuerkennen, der alles kann und weiß, selbst wenn er überhaupt nichts auf die Reihe kriegt. Eine Männeranbeterin unterstützt ihre Verehrung mit täglichem Fahnenschwenken durchs Wohnzimmer, Rauchopfern am Gartengrill,

Abb. 1: Sie bevorzugt jungfräuliche Männer als Beute.

Blockflötenklängen und Ringeltanz mit den Kindern um ihn herum. Bemerkenswert ist ihre Engelsgeduld, obwohl er säuft wie ein Loch, bis zum Morgengrauen Karten spielt und das Wohnzimmer mit seinen Freunden verräuchert.

Ihre Hingabe inszeniert eine Männeranbeterin so geschickt, bis die Sinne ihres Gatten vollständig benebelt sind, er sie erneut befruchtet und ihr das Haus überschreibt. Nun wird die Bedeutung ihres biologischen Namens klar, wörtlich übersetzt gehört sie zur Ordnung der Fangschrecken (mantodea) – sie ist, man glaubt es kaum, die gefährlichste Frauenart weltweit.

DAFÜR	Ein Mann bekommt nur bei ihr, was er verdient.
DAGEGEN	Gott hat keine Frau.

Das Rotationsprinzip

Seit einiger Zeit gibt es in mitteleuropäischen Partnerschaften die schöne Formulierung, wonach jeder Partner »doppelt besetzt« zu sein hat. Eine Frau, die etwas auf sich hält, muss also eine Partnerschaft komponieren, die zwei gleich starke Männer an ihrer Seite möglich macht. Bisher war es so, dass der Liebhaber nur dann empfangen wurde, wenn der Ehemann sich eine Zerrung zugezogen hatte oder auf Dienstreise war. Neuerdings aber kann es passieren, dass sie einen liebt, während der andere sogar anwesend ist und diesen Personalwechsel gegebenenfalls bejubelt. Für den Gatten werden beispielsweise Nachrücker bestimmt, die ihn etwa in der Mitte eines Urlaubs an der Seite seiner Frau ablösen sollen.

Man kann sich über diese neue Aufstellung wundern, doch die Frauen berichten, sie seien von der Rotationspolitik der Grünen oder beim Fußball unter Ottmar Hitzfeld inspiriert worden, um einer Ämterhäufung und etwaigem Machtmissbrauch in der Ehe entgegenzuwirken.

Ungefährlich ist es nicht, was solch eine Frau da treibt. Doch sie ist überzeugt, dass Rotation genau das ist, was eine Beziehung braucht. Sie will ihre Männer unter Spannung und auch bei Laune halten, und tatsächlich ist die Zufriedenheit bei den Männern größer als erwartet.

Langjährige Ehemänner allerdings stellten die Rotation in Frage. Zum einen, weil sie nachvollziehbar argumentierten, dass man eine mühevoll aufgebaute Ehe eher gefährde, zum anderen, da sie von der geliebten Frau keine Sekunde lassen wollten.

Die Powerfrau
femina fortis

Powerfrau (altdeutsch »Energiebündel«) ist eine Bezeichnung zum Bejubeln der Tatsache, dass sich mittlerweile auch Frauen 70-Stunden-Wochen aufschwatzen lassen. Powermänner gibt es nicht, weil diese Art grundsätzlich als egoistisches Kraftpaket aufgefasst wird und kein Mensch fragt, wie er Kinder und Karriere unter einen Hut kriegt. Die Powerfrau dagegen ist die Dame mit einem Bundesverdienstkreuz, zwei Hochzeiten, drei Ehrenämtern, vier Kindern und fünf Sportabzeichen. Eine Outdoor-Liebhaberin, Bezwingerin von 8000ern, Ruderin, Workout-Freak, natürlich mit entsprechend perfekter Figur. Die Wahrscheinlichkeit, dass sie in einer Wohnung überlebt, ist eher gering. Sie zieht aus, um Drachen zu töten, während ihr Mann im Fernsehen Kochsendungen glotzt oder mit seiner Mutter telefoniert.

Wenn sich eine Frau mit extremer Leistungsanlage nicht der Herausforderung stellt, was häufiger vorkommt, als man glaubt, wird sie die Sorte Grundschul-

Abb. 1: Plugged
Abb. 2: Unplugged

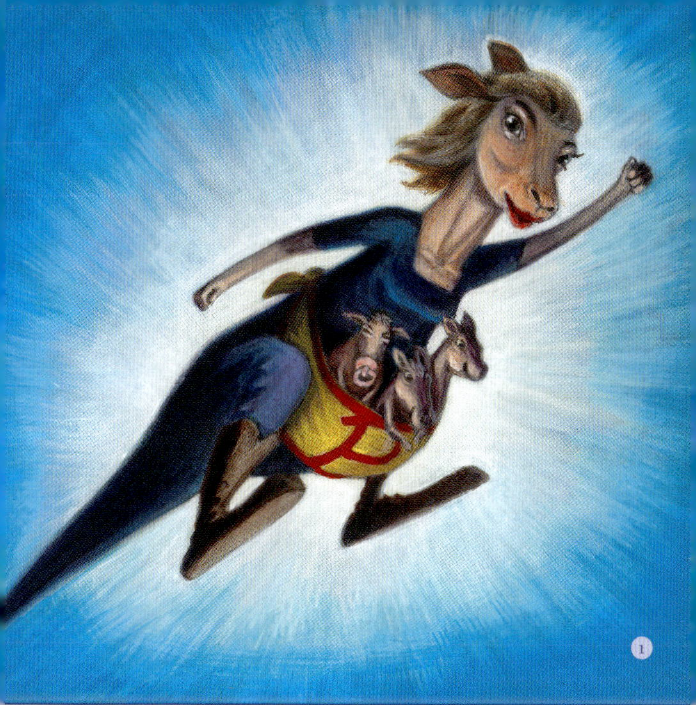

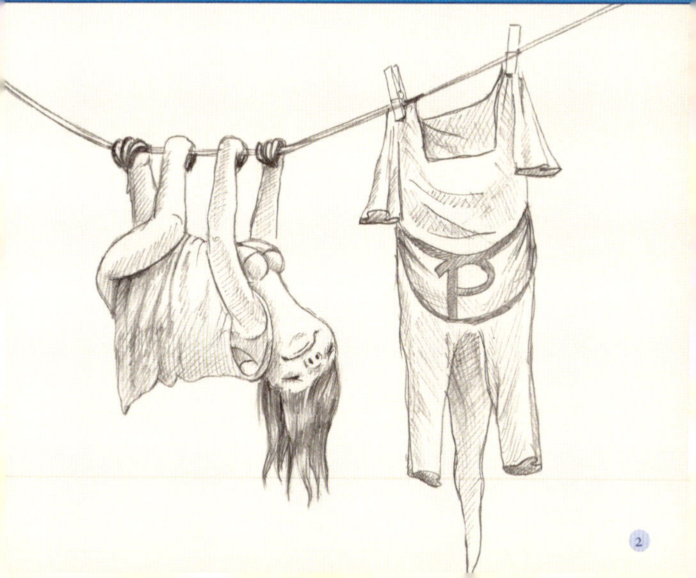

lehrerin, die auf die einfachsten Fragen des Lebens reagiert, als doziere sie am Pult der Vereinten Nationen. Das weibliche Geschlechtsorgan einer Powerfrau hat entgegen vieler Behauptungen keine Zähne. Die *vagina dentata* ist ein Mythos, der mit der Kastrationsangst des Mannes zu tun hat. Freud hat am Anfang des 20. Jahrhunderts darüber viel Unsinn geschrieben, weil er auf emanzipierte Energiebündel allergisch reagiert hat wie andere auf Pollenflug. Bei Unternehmen stehen die Powerfrauen hoch im Kurs, weil sie tagtäglich ihre Zähne zusammenbeißen und eigene Bedürfnisse zurückstellen – nur nennt man sie in der Personalabteilung nicht Powerfrau, ihre Akte steht unter D wie Dussel.

DAFÜR	Sie dübelt und tapeziert auch.
DAGEGEN	Sie hat keine Ruhe in der Kraft.

Die zwölfte Frau
herba fanatica

Die zwölfte Frau ist daran schuld, dass Fußball kein Kampfsport mehr ist, sondern zum Event verkommt, es geht ihr nicht ums Spiel, es geht ihr ums Drumherum. Verleumdung wäre, sie schaue nur hin, weil sie auf die Spieler scharf wäre – es sei denn, es geht gegen Italien.

Ihr zuliebe heißen Stadien nun Arenen, die Sponsoren haben diese Zielgruppe erkannt (»Herzlich willkommen in der Wolle Rödel Arena Stuttgart!«), die Schalensitze werden mit gesteppten Kissen verschönt, der Stinkefinger gegen den Schiedsrichter wird durch den Zeigefinger ersetzt: »Du, du!«

Auch auf dem Platz ist alles anders, die Jungs schwitzen nur noch an den richtigen Stellen und achten auf ihre Frisur, weil sie nun Popstars sind und in der Zeitschrift *Elf Freundinnen* oder *Kickerin* porträtiert werden und Models lieben müssen.

Immerhin hat sie sich inzwischen daran gewöhnt, dem Verein die Treue zu halten, wenigstens mit Piccolo auf das Trikot der Nachbarn zu schwappen und während des Spiels zu fluchen und zu brüllen, wie es sich gehört.

Nur eine zwölfte Frau betrachtet es als Glück, einer

Fußballmannschaft am Sonntagmorgen beim Aus-
laufen im Stadtwald zu begegnen. Sie atmet deren
Ausdünstung ein, als hätten sich die Jungs zu einer
kompakten Linie auf dem Spiegel aufgestellt. So zieht
sie sich einen Hormoncocktail rein, der ihr alle Sinne
nimmt und sie schlagartig zehn Jahre jünger wirken
lässt.

DAFÜR	Mann und Frau können Samstage gemeinsam verbringen.
DAGEGEN	Sie trägt ein Negligé in Vereinsfarben.

✂

Merksatz: »Abseits ist, wenn im Moment der Ball-
abgabe der gegnerische Spieler näher zum Torwart
steht als der eigene.«

Abb. 1: Ihr Mann für saisonale Fälle
Abb. 2: Frauenbande

Die Leseratte
mus studiosus

Leseratten sind in den letzten Jahren aufgrund ihres zufriedenen Daseins und Gesichtsausdrucks immer beliebter geworden. Der Haltungsaufwand für diese empfindlichen Frauen ist allerdings hoch; sie sind keinesfalls für unerfahrene Partner geeignet. Akut auftretende Weinkrämpfe oder Lachattacken sollte man möglichst ohne Nachfragen erdulden, mitternächtliche Vorleseversuche kann man getrost ablehnen. Einige Arten vertragen keine Temperaturen unter 25°C und haben dennoch ein großes Frischluftbedürfnis.

Die Leseratte ist eine Einzelgängerin, sie vergesellschaftet sich lediglich zu Autorenlesungen und trennt sich nach Applaus und Signierstunde wieder. Sie vertilgt hauptsächlich Belletristik und Geschenkbücher (einige gelegentlich auch Sachbuch und Schund). Da sie keinen Würgereflex besitzt, ist sie nicht in der Lage, sich zu erbrechen, um Unverdauliches oder Gefährliches rechtzeitig wieder loszuwerden.

Über den großen Bekanntheitsgrad der *Harry-Potter-* oder *Biss*fans unter den Leseratten (sog. Mas-

Abb. 1 und 2: Papier hat genauso wenig Kalorien wie Salat.

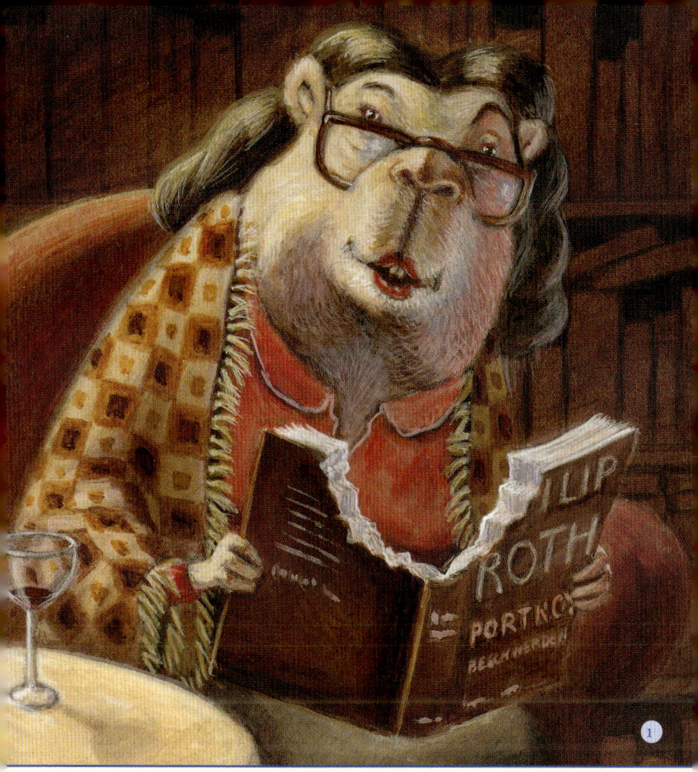

1

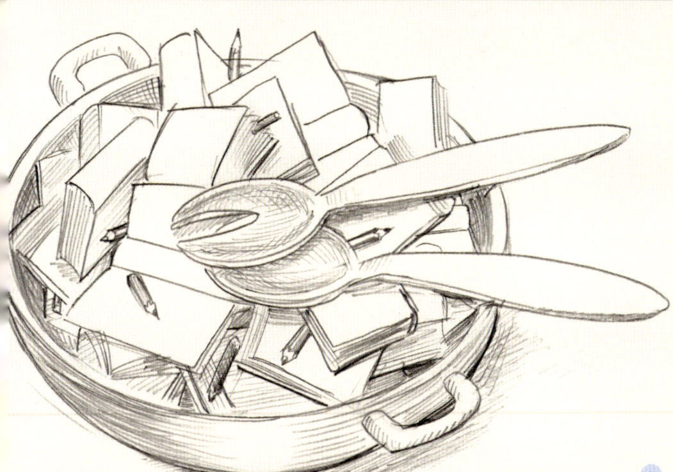

2

senkulturfolger) kann man leicht übersehen, dass die Mehrzahl der Art sich verborgen in Bibliotheken und heimischen Lesesesseln von Literatur abseits der Verkaufszahlen vollwertig ernährt.

Sie zählt nicht zu den echten Allesfressern. In Notzeiten kann sie sich zwar von den abenteuerlichsten Dingen wie beispielsweise Pizzaservice-Flyern, Bahnmagazin, Buswerbung und T-Shirt-Aufschriften ernähren und verschmäht dann natürlich auch schreibende Schlagersänger nicht – was allerdings schnell zu Blähungen führt. Wenn sie jedoch die Wahl hat, zieht eine Leseratte ausgerechnet in dieser Sekunde eine Claudia Schreiber vor, mit herrlichen Illustrationen von Kai Pannen, danke sehr!

DAFÜR	Diese Frau kann bewusstseins-erweiternde Stoffe beschaffen.
DAGEGEN	Bei Entzug wird sie zänkisch.

Die Tussi
affectata

Eine Tussi hat einen geschmeidigen kleinen Körper, weiche Haut, ein kurzes Gesicht und einen winzigen Schädel, sie ist eine nachtaktive Frau. Zu ihren natürlichen Feinden zählen flache Schuhe, Arbeitskleidung und kalte Jahreszeiten. Zu Paarungszeiten liegen Tussen bevorzugt in den Armen muskulöser Türsteher oder als Beifahrerin in sogenannten Schlampenschleppern (= Cabrio, siehe Bd. 1 *Heimische Männerarten*).

Ihre Zähne weisen spitze Höcker auf, insgesamt sind sie an das Aufknacken von Joghurtbechern angepasst, *Erdbeer fettfrei* ist ihr Grundnahrungsmittel. Das Gewicht der meisten Frauen dieser Art liegt um die 50 Kilo, es gibt aber extreme Sonderformen (siehe Abb. 1).

Tussen wenden viel Zeit für Körperpflege und Kleiderbeschaffung auf, benötigen dagegen nur kurze Tiefschlafphasen und verbringen etwa eine Stunde täglich in beruflicher Aktivität. Man verweilt meist in gleichgeschlechtlichen Gruppen, sucht gemeinsam die Toilette auf, wo es auch zu regem Sozialverhalten wie beispielsweise gegenseitiger Haar- und Körperpflege kommt. Singlegruppen bepöbeln gern Menschen jeder Art und beißen sogar zu. Einzelgängerische Tussen dagegen sind verträglich, diese Form befreundet sich putzigerweise schnell mit ihrem Spiegelbild, staunt über die verblüffende Ähnlichkeit ihres Gegenübers und dessen gleiche Meinung und Interessen.

Generell bevorzugt eine Tussi geteerte Gebiete oder warme Sandstrände, sie verkuschelt sich im Urlaub gern in fremden Betten. Beim Anblick glitzernder Steine können sich die Augen einer Tussi sehr stark erweitern, ihr Augapfel ist in solchen Momenten größer als ihr Hirn.

DAFÜR	Sexuell von null auf hundert in zehn Sekunden.
DAGEGEN	Keine Hilfe bei Quizsendungen.

Abb. 2: Voulez-vous kuscheln avec moi?

Forscher heilen orientierungslose Frauen mit Gentherapie

Aufgrund einer Genmutation fehlt im Gehirn der Frau ein Orientierungsrezeptor. Nun haben Wissenschaftler Frauen das funktionierende Gen über Viren in ihre Gleichgewichtszellen eingeschleust. Die Probanden konnten nicht nur rechts von links unterscheiden – die Forscher gaben Frauen die Fähigkeit, die gesamte Umgebung wahrzunehmen. Nach einigen Wochen begannen die Frauen gar, immer mehr Straßenkreuzungen oder gar ganze Städte voneinander zu unterscheiden. Doch die Anwendungsbereiche der Methode gehen noch weiter: Die Ergebnisse seien ein vielversprechender Ansatz nicht nur zur Behandlung der Orientierungslosigkeit bei Frauen, auf gleiche Weise könnte künftig auch die Stimmungsblindheit beim Mann geheilt werden. Er wäre dann in der Lage, sich in eine andere Person hineinzuversetzen!

Die Handarbeiterin
manufactura

Diese Art wurde von der Europäischen Union als »stark gefährdet« (*endangered*) gelistet, nachdem das massenhafte Stricken im Unterricht und während der Vorlesungen in den 80er Jahren von ignoranten Dozenten bekämpft wurde, bis es nahezu ausgerottet war. In den Jahrzehnten danach hielten sich wenige winzige Wollgeschäfte, hinter deren vergilbten Gardinen die letzten Überlebenden bei Tee und Keksen ihre Knäuel wickelten. Die Handarbeiterinnen schufen sich dort ein Idyll, das nur als Geheimtipp zu bezeichnen ist, nirgendwo findet man heutzutage gepflegtere und ausgeglichenere Frauen als in Patchwork-Gilden; ebenso beliebt sind umstrittene Plagiate, die digitalisierte Bildchen von teuren Maschinen in Handtücher einsticken lassen und ähnlich selig dabei sind. In der Schweiz existieren Geheimbünde, die sich zu archaischen Inestäche-umeschla-durezie-abelaa-Ritualen zusammenfinden. Kaum bekannt ist ihre Popularität im 18. Jahrhundert, als Handarbeiterinnen etwa Norwegerpullover in Briefmarkengröße strickten, das Garn dick wie ein Kaninchenhaar. Man hat kürzlich hochauflösende Bilder von den Preziosen erstellt und die Maschen durchgezählt, die Fachwelt re-

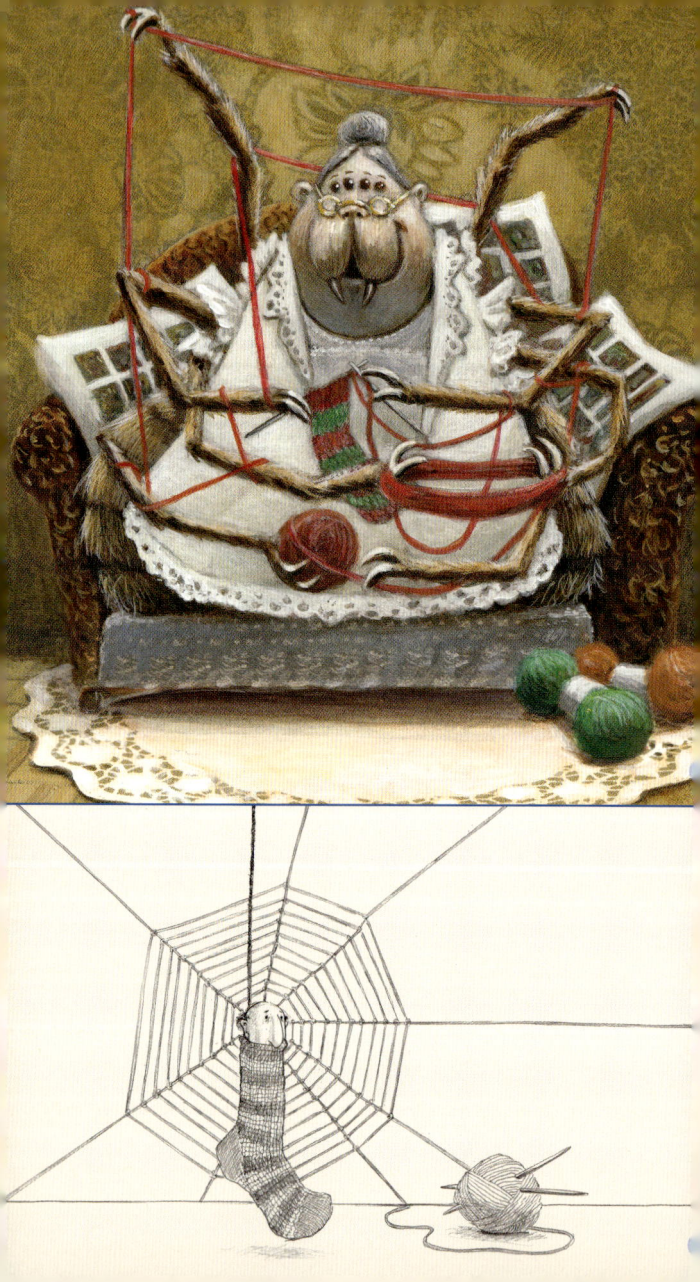

agierte fasziniert, die Exponate sind im Grünen Ge-
wölbe in Dresden zu bewundern.

Handarbeiterinnen paaren sich gern mit Sport- und
Werklehrern und bleiben mit ihnen fest verbunden
wie ein Zickzackstich mit dreifacher Kettmasche.
Ehemänner, die sich auftrennen wollen, müssen sich
auf aggressive Attacken mit Nadelstärke 0,01 gefasst
machen.

Größte Missverständnisse haben Förderanträge der
Handarbeitslobby in Brüssel von einem Gewerbe aus-
gelöst, das Handarbeit ohne Nadel und Faden anbie-
tet (siehe S. 48). Zur eindeutigen Definition der o. g.
Art wurde deshalb die österreichische Bezeichnung
Strickfräulein ins Protokoll genommen.

DAFÜR	Immer warme Pullover im Schrank.
DAGEGEN	Man muss das Zeug tragen.

Abb. 1: Niemand entfaltet sich so gut.
Abb. 2: Ihr Partner: geschützt oder gefangen?

Die Nacktschnecke
mulier publica

Sie sind verludert und fasziniernd: Nacktschnecken sind fleißige Arbeiterinnen auf Bestellung, die oft behandelt werden wie Gegenstände, obwohl sie prima Frauen sind. Sie helfen einsamen Männerarten, die auf natürlichem Wege keine Frau bekommen können, mit künstlicher Liebe. Die Nacktschnecke darf keine Berührungsängste haben, diese Art bezahlter Trost ist knifflig und Schwerstarbeit. Um sich da durchzuwursteln, verfügt sie über spezielle Schmatz-Adapter, die Assoziationen an Zuneigung und Leidenschaft wecken. Nacktschnecken sind z. B. bei der Auswahl ihrer Bewerber nicht anspruchsvoll. Als optisch nötiger Reiz reicht ihnen ein Kartoffelsack, an dessen Ende ein Stock steckt, um in Wallung zu geraten.

Fasziniert steht der Besucher im Schneckenhaus, durch das diese Frauen unentwegt hin und her wuseln. Vorwärts, rückwärts, übereinander, untereinander, es geht zu wie beim Ausverkauf. Je nach Talent führt die

Abb. 1: Die Erste Erwerbstätige unter allen
Abb. 2: Sauerkraut auf Lustreise oder Brainstorming beim
kohlosophischen Kongress

1

2

Nacktschnecke verschiedene Aufgaben aus, reinigt die Gänge und Kloaken, schaukelt auf Leitern, vermöbelt die Gäste oder wehrt die Sitte ab.

Man sagt Nacktschnecken heilende Kräfte nach, hierbei setzt man sie einem erkrankten Menschen auf den Kopf und wartet ab, was passiert. Aus den Reaktionen wird dann die Diagnose erstellt. Heimische Nachtschneckenbestände sind durch Rekultivierung und Umnutzung ihrer Freier in glücklichen Ehen bedroht, aber auch durch natürliche Abscheu vor Ansteckungen. Einige Männer gehen den Nacktschnecken inzwischen aus dem Weg, weil sie Unglück fürchten.

DAFÜR	Sie ist immer lieb.
DAGEGEN	Sie hat nur eine halbe Stunde Zeit.

Die Chamäleondame
accommodata carissima

Eine Chamäleondame ist eine angenehme Partnerin für Männer, die nicht auffallen wollen und trotzdem eine Bella Figura auf Botschaftsempfängen benötigen. Ihr sagt jede Lage zu, sie folgt ihm ans Ende der Welt, passt ihr Outfit dem kalten Grönland genauso an, wie sie in der Südsee nackt gehen würde, wenn es die Umstände erfordern. Mit ihrer Stimme vermag sie alle Meinungen der Gesellschaft zu imitieren, ihr Körperbau erinnert an ein Fragezeichen. Deswegen ist sie erfolgreiche Begleiterin jedes Parteivorsitzenden, sie würde einem Ultrarechten die Glatze küssen und für jeden Linken grobe Schuhe tragen und Nelken lieben. Wenn sie älter wird, haben sich ihre Hände zu Zangen umgeformt, mit denen sie jeden Geldschein umschließt, der sich ihr für wohltätige Zwecke bietet. Eine weitere Fähigkeit, die nur den Chamäleondamen vorbehalten ist, liegt im unabhängigen Bewegen der Augen, mit denen sie je nach Lage der Dinge Sozis und Schwarze oder Demokrat und Diktator gleichzeitig im Blick haben.

Typisch für eine Chamäleondame ist ihre unverwechselbar stark und schnell reagierende Zunge. Mit ihr ist es ihr möglich, unpassende Äußerungen noch vor Ver-

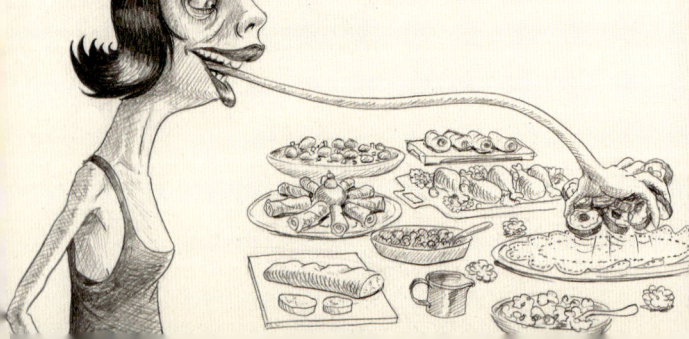

lassen des Mundes zurückschnappen zu lassen, sodass
sie ungesagt bleiben. Die Ausdauer dieses Werkzeuges
ist ebenso einzigartig, sie verfügt über eine Schleck-
kraft von etwa 0,4 Newton(N), weshalb sie Mahlzeiten
am Buffet in einer Zehntelsekunde verschlingen kann.
Zuvor wird die in Frage kommende Leckerei fixiert
und auf Größe, Form und Art geprüft. Nun öffnet sie
langsam den Mund, die Zunge wird ein Stück nach
vorne geschoben. Blitzartig wird dann zum Beispiel
eine Auster ergriffen, in den Mund gezogen, festgehal-
ten und als Ganzes hinuntergeschluckt (siehe Abb. 2).

DAFÜR	Sie passt sich allen lukrativen Lebenslagen an.
DAGEGEN	Niemand kennt sie wirklich, nicht mal sie selbst.

Abb. 1: Die letzte Art nicht emanzipierter Frauen

Die Natürliche
femina naturalis

Eine natürliche Frau ist auf Wiesen oder im Wald leicht zu übersehen, sie steht einfach nur da und lüftet ihren wadenlangen Häkelmantel; oft ist ihr schleierhaft, was sie damit eigentlich bezwecken will. Berührt von der Melodie des Gebirgsbaches befragt sie die Weisheit der grünen Pflanzen, stärkt sich an Wurzelkräften und genießt das erste Frühlingsgrün. Sie begrüßt das Kind in sich, lauscht dem fernen Autobahnverkehr und labt sich an von Mondlicht durchtränkten Brombeeren. Im Verlauf der Nacht erspürt sie bisweilen Düfte als gefühlte Zeit, lässt ihre tiefe Verbundenheit mit allem zu und findet auf diese Weise im Morgengrauen ihre verlegten Hausschlüssel wieder.

Eine Natürliche bedauert zeitlebens, nicht mehr im Bauch ihrer Mutter zu sein. So quält sie die Menschheit natürlich mit ihren Fragen: Was sie machen soll, welche Haarfarbe wählen, welche Lebensziele erreichen, Kaffee oder Tee, mit oder ohne Zucker. Wenn sie innerlich bereit ist für eine genaue Betrachtung der

Abb. 1: »Wer für alles offen ist, kann nicht ganz dicht sein.«

Stellenanzeigen, zeigt sie sich skeptisch, da ihr Kurse zu Beziehungsfragen oder Räucherkunst mit Kesselflickerei sinnvoller erscheinen als das eilige Dahinrennen in Konkurrenz mit den Verkrampften dieser Welt. Diese Frau scheidet im Schlaf an den Spitzen ihres Bauchflaumes kleine Wassertropfen aus, die sich am Grund ihres Bauchnabels sammeln. Wer dieses sogenannte Himmelswasser regelmäßig kostet, altert kaum; deshalb findet sie allzu leicht die bestaussehenden Partner, die ihr Geheimnis kennen und nutzen. Seit Jahren trainiert die Natürliche in Yogakursen zollweise, ihren Nabel selbst auszuschlürfen, es gelingt ihr nicht, weshalb sie sich um die 40 oder 50 fragen muss, warum sie verlassen wurde und wovon sie nun leben soll.

DAFÜR	Ihr Himmelswasser ist der Hit.
DAGEGEN	Sie ist optisch und olfaktorisch naturbelassen = unrasiert und leicht muffelnd.

Die Hausmaus
hera fac totum

Die Hausmaus ist eine sehr erfolgreiche Spezies, sie konnte sich mit Hilfe einer hungrigen und zugleich stinkfaulen Familie auf der ganzen Erde verbreiten und wird von jeder konservativen Bundesregierung als systemrelevant eingestuft. Diese Frau huscht in der Küche und wühlt in wüsten Kinderzimmern, staubigen Räumen und düsteren Kellern herum. Dort unten stapelt sie Gläser und Flaschen, in denen sie ihre Vorräte lagert. Bei ihrem entsprechend guten Nahrungsangebot ist die Hausmaus das ganze Jahr über satt. Gründliche Gewichtszunahmen sind bei ihr möglich, aber keineswegs die Regel. Wenn allerdings aber sozialer Stress entsteht, setzt jedes kleinste Auslecken der Rührschüssel an ihrer Hüfte an. In Mitteleuropa kommt sie in der ordentlichen *(hera accurata)* sowie der schludrigen Art *(hera chaos)* vor. Sie neigt dazu, ihren Bau mit jahreszeitabhängiger Dekoration zu verstopfen.

Wenn sich eine Hausmaus sicher fühlt, legt sie in der Nähe ihres Gefährten die Schürze ab. Pro Jahr können Hausmäuse ein Junges großziehen; dies ist möglich, da sich alle Mitglieder der Spielplatzgruppe gegenseitig bei der Aufzucht unterstützen. Benachbarte Haus-

mäuse besuchen sich über den Rasen auf Bahnen, die man als regelrechte Trampelpfade wahrnehmen kann. Die Paare verständigen sich untereinander durch geruchliche Merkmale (Kuchenduft, Verkohltes) oder durch akustische Signale (Tellerklappern, Schnittwunden).

Eine Hausmaus kann nicht nur grenzenlose Ausbeutung erdulden, sie trotzt auch drohenden Zerstörungen durch Stromschlag, schwankende Stehleitern und brühendes Wasser. Diese Art Frau ist robust, sie will nicht verehrt, sondern benutzt werden. Ihr historischer Lebensraum war einst bestückt mit Waschbrett, Zuber und Ofen – der heutige besteht aus 4 High Speed an Doppelinduktion mit Touch Control, Low Frost und Fuzzy Logic System.

DAFÜR	Sie hält Leib und Seele zusammen.
DAGEGEN	Wer sich ihr anvertraut, entmündigt sich vollends.

Abb. 1: Arbeit und Freizeit werden gleichzeitig gelebt.
Abb. 2: »Ich düse mit Vertikaldampf.« – »Und ich mit Antikalk bis 2300 Watt!«

Die Stütze
subsidia

Aufgabe der weiblichen Stütze ist es, allen möglichen Leuten ein schönes Leben zu ermöglichen, nicht zu verwechseln mit der Sozialstütze vom Staat, die das nicht fertigbringt. Eine gute Stütze tröstet, läuft, räumt und pflegt gegen die Zeit an, die einem Menschen bleibt. Ohne sie wären Traurige noch trauriger und Kranke schneller tot.

Als sehr gesellige Frau lebt eine professionelle Stütze auf gastlichen Stationen mit bis zu hundert Klingeln, die sie anrufen. Es ist eine Sisyphusarbeit, die sie verrichtet, andererseits lernt sie ihr Gegenüber gründlich kennen, sie sieht mehr vom menschlichen Körper als jede andere.

Eine Stütze steht auf zwei Beinen, um die Umgebung zu beobachten. Es sind relativ kleine Frauen, die im Allgemeinen durch einen schlanken Körper charakterisiert sind, die Ohren abgerundet, der Mund eher spitz. Das Besondere an ihrer Tätigkeit ist, dass sie

Abb. 1 v. l. n. r.: Schwester Doris,
Schwester Nicole-Mathea und Schwester Heidrun
Abb. 2: Die Stützen der Gesellschaft

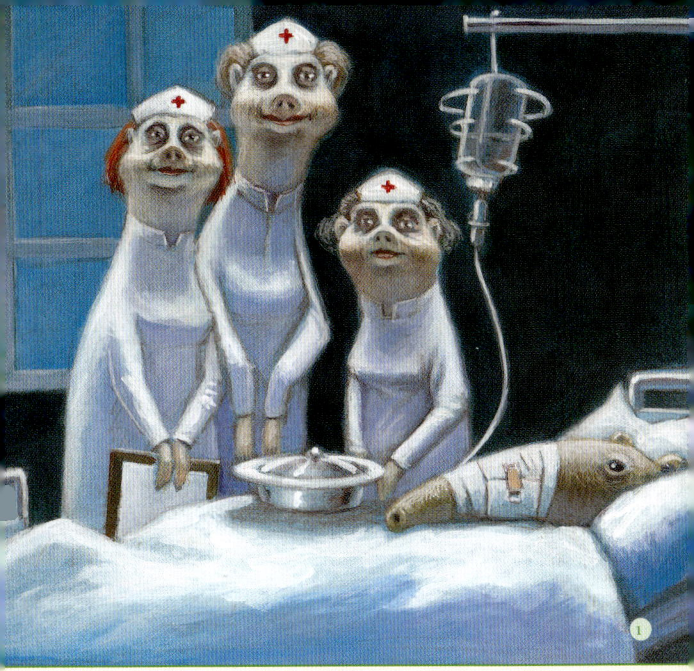

sich nicht im Geringsten von dem unterscheidet, was Stützen vor Jahrmillionen gemacht haben – dieselben Nöte, dieselben Krankheiten, dieselbe Bezahlung, bloß bessere Tabletten und mehr Ablenkung. Stützen laufen sich in Altenheimen, geschlossenen Anstalten oder für kranke Gatten die Füße platt, neben zahlreichen Tagaktiven finden sich auch einige Arten, die in der Nacht stützen müssen. In unterschiedlichem Ausmaß nimmt sie auch völlig Gesunde unter ihre Obhut, sie ist für ihr Geschick bekannt, sich bis zum Umfallen aufzuopfern, denn diese Frauen sind Sammler, die sich von Tränen und ausgiebigem Dank ernähren.

Fröhliche Gebiete meiden diese Frauen in der Regel, Ausnahme sind die in der Architektur beschäftigten Stützen.

| DAFÜR | Mit ihr macht selbst eine ordentliche Grippe Spaß. |
| DAGEGEN | Vergleichen Sie Leistung und Lohn ... sie muss dumm sein. |

Die Praktikantin
praeludia

Praktikantinnen gelten als besonders intelligent und verspielt, sie umwerben mit Vorliebe gute Positionen in großen Konzernen, erliegen aber zu schnell der Versuchung, dort zeitgleich dominanten Ehemännern Krawatten und Revers zu zerkauen oder deren Kinder zu hüten, um sich selbst dabei besser fortpflanzen zu können.

In Deutschland gibt es 90 000 Praktikantinnen, die in ihrem Eifer, alles mitmachen zu wollen, ihre Manager bei Marathonsitzungen und Flugreisen begleiten und dabei in den Städten aus Erschöpfung zurückbleiben. Zum Luftschnappen nutzen sie Blumenkästen, Fensterbänke, Gesimse, Mauervorsprünge und Luken unter den Dächern, was ihnen die Anwohner übel nehmen. Mit Netzen, Glasscherben und Stacheldraht versucht man, die schnaufenden Frauen von Wohngebäuden fernzuhalten, wodurch sie sich Verletzungen zuziehen. Zerkratzte Beine und tiefe Löcher im Businessdress machen deutlich, was eine Praktikantin erleiden muss.

Große Begeisterung löst man bei den Mädels auch aus, wenn man einen echten Einsatz simuliert. Bei der Polizeihundestaffel werden Praktikantinnen gern mit

Einkaufen
Kopierpapier
Bleistifte
Windeln Gr. 3
Heftklammern
Babybrei

Schutzkleidung versorgt und als gesuchte Schwerver-
brecher genutzt. Man kann männlichen Führungs-
kräften nur raten, eine Praktikantin nicht zu beachten,
man fördert durch Komplimente deren Angriffslust.
Das ausgeprägte Engagement der politischen Praktikantin, auch bekannt als »Killerbiene«, könnte so
entstanden sein. Politiker sollten Hemden mit langen
Ärmeln tragen und die Strümpfe über die Hosenbeine
ziehen. Das Auftragen von abweisenden Duftstoffen
hilft möglicherweise für eine gewisse Zeit, bietet aber
keinen vollständigen Schutz.

DAFÜR	Sie sind jung und haben immer gute Laune.
DAGEGEN	Sie verhüten nicht.

*Abb. 1: Praktikantin Kommunikationswissenschaft in der
ZDF-Redaktion ›Aktuelles‹*
Abb. 2: Karrieresprung

Die Omma

matrona

Die Omma gehört wie die Leseratte zur Gruppe der sessilen Frauenarten (lat. *sessilis* festsitzend, zum Sitzen geeignet), als weitere Beispiele seien träge Tanten und stillende Mütter genannt. Auch Arbeitssuchende heften sich an Fernseher oder Computer an und wandeln sich schnell in sessile Formen um.

Eine echte Omma ist ein Artefakt: sie reist durch die Zeit wie sonst keine, besiegt noch immer das Böse, hat unvorstellbar große Macht in der Familie, und ihre Vergangenheit liegt großteils im Dunkeln. Sie ist nahezu unzerstörbar – wenn nicht die kleinen Gebrechen wären. Omma berichtet von ihrem Bluthochdruck oder neuesten Diabeteswert, als habe sie einen interessanten Theaterbesuch hinter sich. Ihre Hauptreisezeit beginnt beim herrlichen Hausarzt und geht weiter per Überweisung zum Kernspin und hinan zu einem Schwätzchen im Wartezimmer der Orthopädin, die ihrer Hüftgruppe Tee mit Keksen anbietet.

Omma drängt ihren Enkelkindern ihr Essen auf,

Abb. 1: Sie überlebt sogar IKEA-Teppiche.
Abb. 2: »Kinder, wollt ihr ewig leben?«

als seien die Lebensmittelkarten knapp geworden, der Schweinebraten trieft, als sollten damit sehr späte Spätheimkehrer verwöhnt werden. Je älter unsere Omma wird, umso mehr ist sie in der Lage, längst verstorbene Hunde, Katzen oder Freunde zu sehen und mit ihnen zu sprechen. Omma weiß alles, sie rät bei Liebeskummer zum Mundspülen mit aufgekochten Quittensamen und Kalmuswurzeln oder Melissentinktur bei schlechten Zeugnissen.

Alle Ommas kaufen grundsätzlich nach Feierabend im Supermarkt ein und fragen berufstätig Gestresste an der Kasse: »Kann ich vor?«

DAFÜR	Sie hat für Besucher immer ein frisches Bier im Kühlschrank.
DAGEGEN	Sie lässt ihr Gebiss im Glas auf dem Esstisch stehen.

Die Köchin

coqua

Dass draußen im All eine Frauenart existiert, die wir nicht sehen können, wissen die Astronomen seit den frühen 1920er Jahren. Kürzlich fand der belgische Himmelsforscher Huub van Sterrebeek heraus, dass die Milchstraße sauer geworden ist. Wenig später analysierte er die Bewegungen der Galaxien und bemerkte, dass die Sterneninseln unerklärlich aufgeräumt scheinen, statt in Haufen zu schwirren. Zuletzt hatte der Große Wagen eine Beule.

Seither häuften sich allerlei Beobachtungen, so fließt in Galaxien heiße Hühnersuppe, die einen herrlichen Duft aussendet. Auch die sogenannten Gravitationslinsengerichte lassen sich nur mit Hilfe einer himmlischen Köchin erklären. Messungen von Raumsonden ergaben, dass die zubereitete Masse aus vier Prozent tierischem Eiweiß, 23 Prozent Gemüse und 73 Prozent Wasser besteht. Nur eines wissen die Forscher trotz all dieser Daten noch immer nicht: wie die weibliche Materie da hinaufgekommen ist.

Bisher ist man davon ausgegangen, dass ausschließlich Sternenköche auf »normalen« Bahnen laufen oder zumindest solche, die durch das Fernsehen sichtbar gemacht wurden.

Mit Kollegen aus Deutschland, Schottland und Italien berechnete Huub van Sterrebeek vom Brüsseler Institut für Astronomie, wie groß in Wirklichkeit die Anzahl der himmlisch kochenden Frauen anhand der Beobachtungsdaten sein müsste. »Wir stellen eine intensive Beziehung zwischen Frau und Herd fest, die es in der modernen Zeit eigentlich gar nicht mehr geben dürfte«, berichtete er, »aber doch existiert!«

Eine himmlische Köchin tritt nicht mit kochenden Sternen in Wechselwirkung, sondern nimmt sich still als vierte Naturkraft ohne Public Relation wahr. Doch ohne sie wäre alles Lebende auf dem Planeten Erde tot.

DAFÜR	Himmlische Mahlzeiten.
DAGEGEN	Höllische Konkurrenz, jeder will sie haben.

Abb. 1: Sternbild Köchin
Abb. 2: Leichte Küche

Die Mimose
noli me tangere

Mimosen verfügen über ein hoch entwickeltes Nervensystem, das unter den heimischen Frauenarten eine Spitzenposition einnimmt. Ihr Mund, ihre Augenpartie und ihre Zunge sind stark mit Synapsen durchzogen und bewegen sich unabhängig von ihrem Gehirn. Deshalb sind ihre Reaktionen so empfindlich und stehen oft in keinem Verhältnis zu dem, was wirklich geschieht.

Diese Frau reagiert auf leiseste Berührung, geringste Erschütterung, harmloseste Kommentare und schnelle Abkühlung oder Erwärmung. Dabei zieht sich nicht nur die betroffene Region der Frau zurück, sondern die gesamte Person nimmt auf ewig Reißaus. Daher kommen auch der englische Name »Touch-me-not« oder die Bezeichnung »mimosenhaft« bei Frauenarten, die gar nicht zur Gattung Mimose gehören, aber unter Umständen recht ähnlich reagieren (wie beispielsweise die *Beleidigte Leberwurst*).

Die Begattung einer Mimose erfolgt durch ein spezi-

Abb. 1: Ihre Staksigkeit verliert sich auch im Alter nicht.
Abb. 2: Man hat mit ihnen ein leichtes Spiel.

ell entwickeltes Organ ihres Partners. Das sogenannte *Dritte Bein* wird unbemerkt in ihre Manteltasche eingeführt und überträgt eine mit Spermien gefüllte Kapsel, die Spermatophore. Durch deren späteres explosionsartiges Aufplatzen werden die Keimzellen freigesetzt, sickern klammheimlich durch die Kleidung und befruchten so über kurz oder lang die Frau, ohne sie zu konsternieren. Bei sehr empfindlichen Mimosen löst sich die Spermatophore eines Mannes ohne Kontakt komplett ab und erreicht die Dame zur Befruchtung per Post.

DAFÜR   Sie spürt die Liebe auch ohne Worte.
DAGEGEN   Geräusch- und lichtempfindlich,
          keine Partygängerin.

Das Frauenimitat
artificiosa

Gewissenlose Ehevermittler täuschen heiratswillige Männer mit sogenannten »Mogelfrauen«. Diese Damen bestehen zum großen Teil aus in Form gebrachtem schnittfestem Stärke-Gel, in das kleine Fleischstücke eingebettet sind. Der Fremdkörpergehalt von Ludern, Modeschöpferinnen und Go-go-Girls, so meldet Stiftung Frauentest, sei im Vergleich zu echten Frauen sehr hoch. Filmschauspielerinnen und Fernsehmoderatorinnen justieren ihre schlaffe Haut im Gesicht oder am Bauch nach Operationen problemlos weiter nach, da an den Schnittstellen neuerdings Drehschlüssel angebracht werden, ähnlich denen an Fischdosen, mit denen Frauenimitate die Haut selbst aufrollen und straffen, wenn sie nachlabbert (siehe Abb. 1). Frauenschützerinnen sprechen von einer üblen Täuschung und drohen mit Konventionalstrafen. Ein Frauenimitat ändert auch die Haarfarbe regelmä-

ßig vom normalen Grauschwarz zu Gold oder Rot, der Wechsel findet monatlich konspirativ in Salons statt. »Farbige Frauen haben einen Vorteil im Kampf um die Männer«, sagen die Friseure. »Ein Nachteil aber ist, dass sie Feinden auch stärker auffallen.« Immer häufiger ist festzustellen, dass im Schwimmbad minderwertiges Plastilin als Busen serviert wird. HNO-Ärzte haben schon lange keine echte Nase mehr gesehen, natürliche Fingernägel sind nicht mal mehr dem Namen nach bekannt, blaue Augen werden durch gefärbte Kontaktlinsen vorgetäuscht, weshalb die Beziehung zu solchen Fälschungen bei Entdeckung oft abgebrochen wird. Selbst Damen im greisen Alter scheuen sich nicht, weiße Zähne und intakte Hüften beim Tanztee vorzutäuschen, dabei handelt es sich ausnahmslos um eingebaute Ersatzteile. Solche Machenschaften sind in Mitteleuropa nicht verboten, allerdings dürfen sie nicht unter der Bezeichnung »Bio-Frau« verkauft werden.

DAFÜR	Man weiß immer, was man ihr schenken kann.
DAGEGEN	An ihrer Seite sieht man alt aus.

Abb. 2: Sie trägt nicht nur gern blau, sie ist es auch oft.

Die Krake

domina octopussy

Der Name »Krake« stammt aus dem Skandinavischen und steht für »entwurzelter Baum«, da deren klammernde Gliedmaßen wie Wurzeln in alle Richtungen ragen. Sie hält sich krampfhaft an allem fest, was eigene Wege gehen will, und wird deswegen auch *Schamlose Knebel* genannt.

Eine Krake nimmt sich für die Wahl ihres Partners wenig Zeit, bei ihr geht es nur darum, schnellstmöglich einen Gatten zu finden. Ist das geschafft, steht Eifersucht auf der Tagesordnung. Nähern sich potenzielle Nebenkraken ihrem eigenen Exemplar, werden sie mit langen und biegsamen Fingernägeln weggekratzt oder totgewürgt. Das Krakenehepaar stimmt jedes individuelle Verhalten aufeinander ab, so verliert es sich selbst im dichten Gedränge einer Einkaufszone nicht. Einmal befruchtet, deponiert eine Krake ihre Kinder am eigenen Körper, zur Schule oder in den Flötenunterricht werden sie selbstverständlich von ihrer Mutter gebracht und nur kurz abgelegt. Zwischenzeitlich wür-

Abb. 1: Kraken sind perfekte Stammkunden.
Abb. 2: Sie hat ihre Kinder zum Fressen gern.

gen sie die Lehrer, packen die Rektoren und verschlingen den schulpsychologischen Dienst. Mutterkraken
benutzen für ihre Erziehungsarbeit einen Hubschrau-
ber, sie orten ihre Kleinen per GPS und drängen an
Türstehern vorbei in die Clubs, um Drogen zu finden
und mitzutanzen. Sie kaufen höchstpersönlich nötige
Präservative, ständen gern noch am Bett beim ersten
Mal und bewältigen doch die Observation ihrer fide-
len Brut nicht und bleiben schließlich aus Erschöpfung vertrocknet in den Straßen zurück.

In den Bereich der Legenden gehören Berichte, nach
denen altgediente Kraken ihre erwachsenen Söhne
und Töchter mit ihren Fangarmen auch über Hunderte Kilometer strangulieren können und deren gut
gehende Ehen in die Tiefe ziehen.

DAFÜR	Keine Trennung nötig.
DAGEGEN	Keine Trennung möglich.

Löwenmütter verachten Lehrer ihrer Kinder

»Für uns Väter sehen alle Lehrer gleich aus«, sagt Prof. Matthias Abendstern von der University of Maastricht. »Für Mütter gilt das nicht.«

Zusammen mit Kollegen hat Abendstern Mütter untersucht und dabei herausgefunden, dass sie bei der Wahrnehmung und Informationsverarbeitung erstaunliche Leistungen vollbringen. Der Studienleiter ließ mehrere Lehrer die Kinder streng und ungerecht unterrichten. Wenn Löwenmütter ihre Kinder bedroht sahen, prägten sie sich das Aussehen des Angreifers genau ein.

Die Forscher hatten für ihren Versuch die Mütter absichtlich mit übelsten Noten gestört. Schon nach zwei solchen Unterrichtsstunden tauchten die jeweiligen Mütter im Sekretariat auf, sie erkannten die ungerechten Lehrer selbst dann, wenn sie aus einer anderen Richtung kamen oder andere Kleidung trugen. Diese Löwenmütter verteidigten ihre Kinder aggressiv und prügelten selbst auf recht große Feinde ein, die guten Lehrer hingegen verwöhnten sie mit Rührkuchen.

Die Marotte
splena

Eine Marotte zeigt Gepflogenheiten, die nicht jedermanns Sache sind. Sie pult am Esstisch in Gedanken ein Baguette von innen aus, dreht aus der weichen Masse Kügelchen, legt sie am Tellerrand ab und verspeist danach den Krustenrand. Das liegt daran, dass sie gewöhnlich an einer Überfunktion der Milz (engl. *spleen*) leidet, die sie etwas exzentrisch erscheinen lässt, nicht zu verwechseln mit einer zänkischen Frau, die ausgewachsene Koller kriegt.

Eine Marotte braucht Stunden, bis sie zum Ausgehen fertig ist, schaut jeden Tag dieselbe Fernsehserie, macht aus Kleinigkeiten regelrechte Beziehungsprobleme, tritt auf Plattenwegen niemals auf die Fugen, telefoniert ständig mit ihrer besten Freundin und findet sich zu dick.

Prominente Marotten bestehen gern darauf, dass in ihrer Hotelsuite alle Glühbirnen, der Toilettendeckel oder die Matratze täglich gewechselt werden. Klamme Marotten kaufen nichts ohne hohen Rabatt, sie neh-

Abb. 1: Marotte mit Marotte
Abb. 2: Marotten interessieren Alternativen, aber sie leben sie nicht.

men alles mit, was nicht niet- und nagelfest ist, greifen sich die Seife aus dem Hotel, Pröbchen aus der Parfümerie, Zahnstocher aus dem Restaurant und obligatorisch die *Apothekenrundschau*. Von einigen Marotten hört man, dass sie Rosenstiele anfressen, bevor sie die Blumen in die Vase stellen.

Es sind die Marotten, nicht die Emanzen, die immer noch exzessiv auf jeder weiblichen Endung bestehen, Bürgerin statt Bürger, Töpfin statt Topf, und sie ist es, diese vermaledeite Frau, die Hunderte von Kilometern als Schleicherin auf der Mittelspur der Autobahn verbringt – das ist der Moment, wo man sie endgültig zum Teufel wünscht.

DAFÜR	Seit Jahrhunderten die perfekte Begleiterin eines Narren.
DAGEGEN	Sie ist unbeweglich wie Holz.

Die Schabracke
flosculus antiquus

Die ursprüngliche Bedeutung von Schabracke (türkisch *çaprak*) ist »Satteldecke« und wird noch heute unter dieser Bezeichnung auf einen Pferderücken gelegt, andere benennen so Teile von Gardinenarrangements. Doch in weiten Teilen Europas versteht man darunter eine Frau, der ein gewisser Reiz abgeht, was den meisten Menschen aber nicht das Geringste ausmacht. Die Ästhetik längst vergessener Zeiten fasziniert seit jeher. Das zeigt unter anderem der nicht abreißende Erfolg von Retro-Design in der Mode und dem Automobilbau.

Schabracken haben es in den vergangenen Jahren geschafft, sich jedes Jahr von Herbst bis Ostern irgendwohin zurückzuziehen, erst jetzt haben Frauenforscher ihr winterliches Quartier entdeckt. Sie ruhen in den gemäßigten Breiten Kataloniens entlang der Küste bis in die tropischen Gewässer der südlichen Halbkugel.

Abb. 1: Blind Date

Die Schabracke ist eine schlafende Schönheit, Partnerbörsen und Kontaktanzeigen sind vollgestopft mit diesen ausgemusterten Damen, doch mit den richtigen Ideen und ein paar Handgriffen gibt man der Klassikerin ein erfrischendes Push-up. Für zwei eng befreundete Schabracken empfiehlt sich *Aus 2 mach 1*: Man wirft individuelle Schwachstellen fort und fügt die Stärken zusammen, schon kann man online ein beinahe neuwertiges Unikat präsentieren und sich die Bewerber aufteilen.

Frisch getrennte oder auch verwitwete Schabracken dagegen, die jahrzehntelang in einer Ehe dem Verfall preisgegeben waren, sind heilfroh, ihr Leben endlich alleinstehend genießen zu können. Sie erkennen in heiratswilligen Männern über 70 einzig zukünftige Pflegefälle und winken lächelnd ab, nehmen noch ein Törtchen, rauchen wieder und kleiden sich gut.

Dafür	Fragen Sie ein Pferd, wie wohl ihm die Schabracke tut.
Dagegen	Schauen Sie sich ihre Gardinen an.

Abb. 2: »Heute, nur heute / Bin ich noch schön; / Morgen, ach morgen / Muss alles vergeh'n.«
Theodor Storm, Lied des Hafenmädchens

Die Exe
uxor pristina

Einst war sie die Leibspeise ihres Ehemannes oder
Freundes, der sich hauptsächlich von deren Haut und
Haaren ernährte und sie kopflos zurückließ. Die Ab-
wehrmechanismen einer Exe gegen ihren Partner sind
das Forschungsfeld von Prof. Dr. Irene Gries-Krämer.
Zunächst sei da, so berichtet sie, das Phänomen der
allgemeinen Giftigkeit genannt, um neue ungebetene
Essensgäste fernzuhalten. Darüber hinaus spezialisiert
diese Frau ihre Kommunikation auf das sogenannte Sticheln. Auch eine anatomische Abschreckung
gegen den Feind baut sich auf, dazu gehören Fettleib-
igkeit oder Abmagerung, krasse Haarfarbe oder das
Laufen in bequemen Schuhen. Ihr Blick ist hart und
starr, ihre Haut bräunlich gesprenkelt, links und rechts
des Mundes entstehen schon während der Trennungs-
phase lange scharfkantige Dornen, die jeden Gedanken, diese Frau zu genießen, im Keim erdolchen.
Viele Exen verteidigen sich auf diese Weise noch Jahre
nach der Trennung gegen einen Feind, den es gar nicht
mehr gibt. Andere wieder gewöhnen sich einen Beglei-

Abb. 1: Kann aufblühen wie eine Wüstenblume

ter konsequent ab und sorgen selbst für ihre Befriedigung. Verliebt sich allerdings eine Exe neu, biegt ein damit einhergehender hoher Dopamin-Spiegel ihre Dornen wie von selbst zur Seite, und ihr Glück macht die Frau wieder genießbar. Doch sie ist nun klüger als zuvor, lässt sich nicht mehr fressen und bleibt bei den bequemen Schuhen.

DAFÜR	Sie lacht, wenn man Schluss macht.
DAGEGEN	Sie lässt sich beim Tanz nicht führen.

Abb. 2: Tanzabend als desert storm

Die Folgen einer Ehe

Als die Forscher zum ersten Mal in den Kopf der Frau schauten, trauten sie ihren Augen nicht: Unter der Schädeldecke erblickten sie mit dem Kernspintomografen nur ein halbes Gehirn. In der rechten Hälfte des Kopfes verbreitete ein dunkler Fleck gähnende Leere – außer Nervenwasser war da nichts mehr.

Die Frau litt nach ihrer Silberhochzeit manchmal unter leichten Zuckungen, deshalb hatte ihr Ehemann sie in die Klinik gebracht, aber ansonsten schien sie völlig normal. Niemand wäre auf die Idee gekommen, dass ihre bessere Hälfte im Schädel fehlte.

Wie ein halbes Gehirn in 25 Jahren verschwinden kann, haben sich die Wissenschaftler vom Max-Planck-Institut für Hirnforschung in Frankfurt am Main jetzt detailliert angesehen. Unter dem Schädeldach der Frau habe eine erstaunliche Umorganisation stattgefunden, berichten sie in der Fachzeitschrift *Proceedings of the National Academy of Marriage*.

Es verschwanden zuerst ganze Informationsstränge im Hirn, dann Verhaltensweisen, Vorlieben, Theaterbesuche und Sportgymnastik, nach den Geburten ihrer Kinder Freundinnen und Freunde, Fachwissen und gewöhnliche Fertigkeiten wie Radwechsel oder Holzhacken und schließlich im Laufe vieler Jahre durch Nichtbeanspruchung die gesamte Hirnhälfte.

Welch große Schäden und Verletzungen das Gehirn kompensieren kann, ist von Patientinnen bekannt, die nach einer Trennung wieder sprechen, sehen und nach alten Vorlieben leben lernten.

Glossar der lateinischen Begriffe

Die Schwätzerin *(femina labera)*	eine Schreibersche Wort-schöpfung, eigtl. *femina lingulaca*
Die Gnadenlose *(inclementia)*	wörtl. die Ungnädige
Die Kratzbürste *(penicula brutalis)*	von lat. *peniculus* = Bürste, lat. *brutalis* = grob
Die Eiskalte *(frigida)*	wörtl. die Kalte
Die Dresseurin *(femina domans)*	wörtl. die zähmende Frau
Die Emanze *(liberata)*	wörtl. die Befreite
Die Männeranbeterin *(adorata)*	wörtl. die Anbetende
Die Powerfrau *(femina fortis)*	wörtl. die starke Frau
Die zwölfte Frau *(herba fanatica)*	etwa: die vom Gras Begeisterte
Die Leseratte *(mus studiosus)*	wörtl. die belesene Ratte
Die Tussi *(affectata)*	wörtl. die Affektierte
Die Handarbeiterin *(manufactura)*	von lat. *manus* = Hand, lat. *facere* = machen
Die Nacktschnecke *(mulier publica)*	wörtl. die öffentliche Frau/ Ehefrau für alle

Die Chamäleondame
(accommodata carissima)

wörtl. die teuerste Angepasste

Die Natürliche
(femina naturalis)

wörtl. die natürliche Frau

Die Hausmaus
(hera fac totum)

von lat. *hera* = Frau/Haus-frau und *fac totum*, Mensch, der alles macht)

Die Stütze
(subsidia)

von lat. *subsidium* = Stütze/Hilfe

Die Praktikantin
(praeludia)

von lat. *praeludium* = Vorspiel

Die Omma
(matrona)

wörtl. Frau/Ehefrau/Familienmutter/Mutter-gottheit

Die Köchin
(coqua)

wörtl. Köchin

Die Mimose
(noli me tangere)

wörtl. »rühre mich nicht an«

Das Frauenimitat
(artificiosa)

wörtl. die Künstliche

Die Krake
(domina octopussy)

von lat. *domina* = Herrin und *octopus* = eine Gattung achtarmiger Kraken

Die Marotte
(splena)

von lat. *splen* = Milz; vgl. engl. *spleen* = Milz/Tick

Die Schabracke
(flosculus antiquus)

wörtl. das alte Blümchen

Die Exe
(uxor pristina)

wörtl. die ehemalige Gattin

Literaturhinweis

Folgende Bücher oder Medien haben mich angeregt und informiert:

Hans Mauch/Konrad Lauber: Unsere Pilze.
Hallwag, Bern 1976

Michael Lohmann: Vögel am Futterhaus.
BLV Buchverlag, München 2008

Andrew Chevallier: Heilpflanzen.
Dorling Kindersley, 2007

Horst Altmann: Giftpflanzen, Gifttiere.
BLV Buchverlag, München 2004

Lexikon der Sprichwörter und Zitate.
Harenberg, Dortmund 1997

Naturwissenschaftliche Artikel der **Süddeutschen Zeitung** helfen mir genauso wie die von **Spiegel Online**. Eine große Unterstützung ist mir immer wieder die **Wikipedia Enzyklopädie**, weil ich hier vom Hundertsten ins Tausendste komme, was bei der Arbeit an einem solchen Buch sehr hilft.

Ich danke Stefan Swat, der die Übersetzung der lateinischen Begriffe übernommen hat.

Die Autorin

Claudia Schreiber, geb. 1958 in Schachten, einem Dorf bei Kassel, verbrachte ihre Kindheit als eine Natürliche und gehörte während ihres Studiums zu der seltsamen Spezies, die in Vorlesungen handarbeitete. Sie war Praktikantin beim Radio, Powerfrau im Fernsehen, Hausmaus im Nebenberuf, ihren Söhnen keine Krake, hat sich emanzipiert und ist prompt Exe geworden. Heute, mit Imitaten im Mund und vor den Augen, ist sie mit Begeisterung eine zwölfte Frau. Leseratten versorgt sie mit Büchern wie *Emmas Glück*, *Sultan und Kotzbrocken*, *Ihr ständiger Begleiter*, *Heimische Männerarten* und *Oben Himmel, unten Gras*. Die Autorin ist zu erreichen unter www.claudiaschreiber.de

Der Illustrator

Kai Pannen, geb. 1961 in Moers, interessierte sich schon frühzeitig für die Vielfalt der heimischen Frauenarten. Die eine oder andere Spezies erforschte er während des Studiums der Malerei an der FH Köln und seiner Tätigkeit für Werbeagenturen, Magazine und Fernsehen. Sein Interesse an der Leseratte führte zur Beschäftigung mit der Buchillustration. Bücher wie *Heimische Männerarten*, *Olga rennt*, *Komm essen, Pfannkuchen!* oder *Tom und die Schimpfwortpolizei* wurden möglich, weil hinter jedem Freiberufler (siehe *Heimische Männerarten*, S. 22 ff) eine Stütze steht, mit der er nebst Grünschnäbeln in Hamburg lebt. Der Illustrator ist zu erreichen unter www.illustrationsbuero.de

Claudia Schreiber · Kai Pannen
Heimische Männerarten
Ein Bestimmungsbuch
96 Seiten, flexibler Einband
Durchgehend farbig illustriert
ISBN 978-3-8363-0168-7

Das erste Bestimmungsbuch für Männer. Mit mehr als 50 Farb- und Schwarzweißabbildungen und einer Fülle präziser Informationen macht es vertraut mit Lebensweise und besonderen Merkmalen, Balzverhalten und Fortpflanzung, Schlafplätzen und Fraßspuren der heimischen Arten. Kästen mit Pros und Contras zu jeder Spezies erleichtern das Auffinden der passenden Gattung – ob saisonal vorkommend wie der Sport-Cabriofahrer (lat. *auriga aprica*), ortsfest wie der Eigenheimbesitzer (*dominus domus*) oder parasitär wie der Schwätzer (*homo laber*). Ein idealer Begleiter bei jedem Streifzug durch die Männerwelt – im handlichen Einsteckformat.

»Das ist urkomisch. […] Ein perfektes Geschenkbuch – für Frauen und mutige Männer.«

Susanne von Mach, Main-Echo